Tierische
Helden
mit großem
Mut
Paul
Reinker
VORLESEWELT

Text & Illustration: Paul Reinker

ISBN: 978-3-347-95243-0

vorlesewelt.de | paulreinker.de

Erschienen in Potsdam, Brandenburg

Paul Reinker
c/o Block Services
Stuttgarter Str. 106
70736 Fellbach

Druck und Distribution im Auftrag des Autors:
tredition GmbH, Halenreie 40-44, 22359 Hamburg

Für euch,
liebe Kinder.

Vorwort

Liebe Kinder,

in den Geschichten in diesem Buch werdet ihr Tiere treffen, die den Mut finden, ihre Ängste zu überwinden, an sich selbst zu glauben und sich selbst zu vertrauen. Dabei lernen sie, dass jeder einzigartig und etwas ganz Besonderes ist.

Ich bin davon überzeugt, dass diese Geschichten euch inspirieren, den Mut, der in euch verborgen ist, zu finden. Und dass auch ihr verstehen werdet, dass ihr einzigartig und zugleich genau richtig seid – jeder von euch. Auch ihr seid kleine Heldinnen und Helden.

Ich wünsche euch viel Freude mit den Geschichten über die tierischen Helden mit großem Mut.

Herzlichst,

Paul Reinker

Inhalt

Der kleine Bär	11
Die wolligweiche Ziege	21
Die einsame Blattlaus	31
Das Eichhörnchen mit Höhenangst	41
Die immer niesende Schnecke … hatschi!	53
Der verirrte Feldhase	65
Die riesengroße Giraffe	75
Die Fledermaus, die sich im Dunklen fürchtet	85
Das Pony, das wünschte ein Einhorn zu sein	95
Das arme Schwein	105

Der kleine Bär

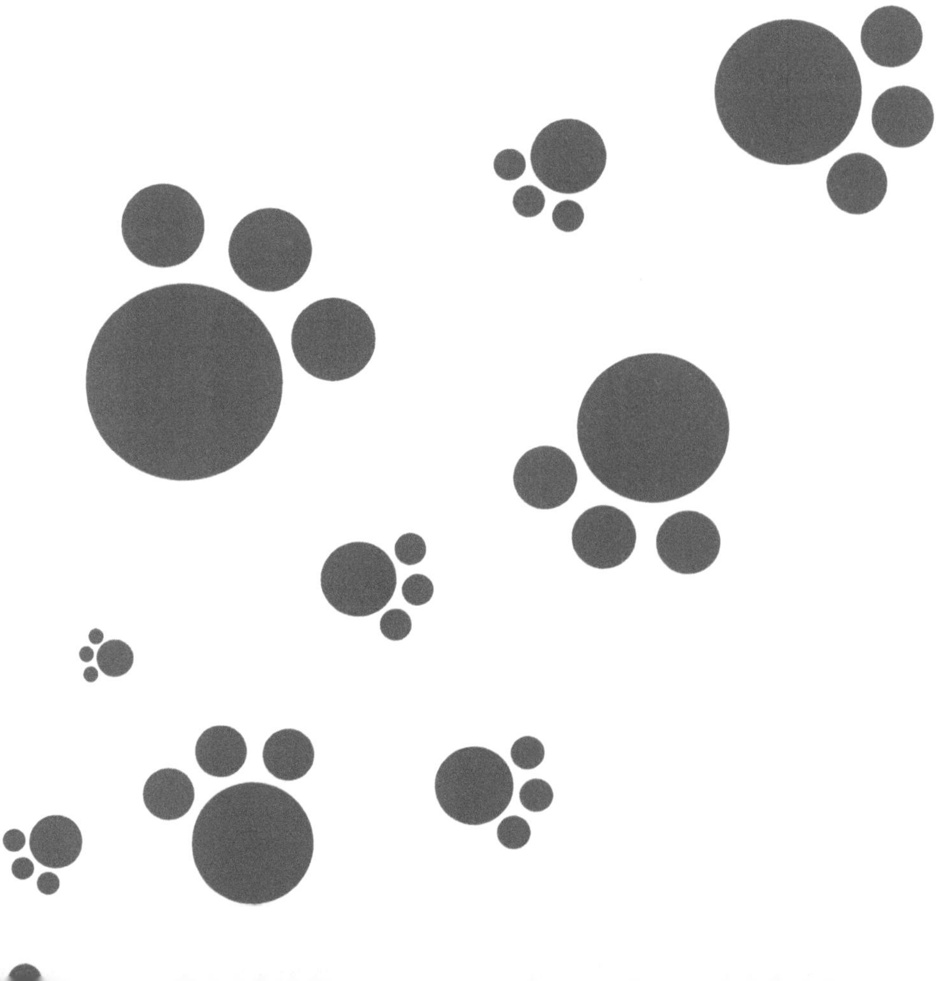

Tief im dichten Wald, in der Nähe eines reißenden Flusses, lebte eine Gruppe Braunbären. Die Bären waren alle richtig stark und sehr groß. Wirklich alle? Nein, einer der Bären war viel kleiner als die anderen. Und weil er so klein war, war er auch nicht so stark. Er konnte nicht so gut klettern, nicht so gut jagen und auch nicht so gut Fische fangen. Doch das bemerkten die anderen Bären nicht, überhaupt nahmen sie den kleinen Bären kaum wahr.

Als die Bärengruppe sich eines Tages auf eine Reise machte, durchschwammen sie den nahegelegenen, reißenden Fluss. Der kleine Bär konnte jedoch nicht so gut schwimmen und blieb deshalb am Flussufer zurück, allein. Den anderen

Bären fiel das gar nicht auf. Der kleine Bär rief ihnen, so lange er konnte, hinterher. Doch es war vergebens. Als die Gruppe am Horizont verschwunden war, setzte sich der kleine Bär traurig ins weiche Ufergras. In diesem Moment wünschte er sich nichts sehnlicher, als auch ein so großer und starker Bär zu sein. Er stellte sich vor, wie schön es wohl wäre, mit den anderen gemeinsam zu jagen und zu klettern. Er stellte sich vor, wie schön es wohl wäre, gesehen zu werden. Diese Gedanken stimmten den kleinen Bären für einen Moment lang fröhlich. Doch als er mit dem Träumen aufhörte und den reißenden Fluss vor sich sah, wurde er wieder ziemlich traurig. Der kleine Bär saß einfach nur da, seufzte schwer und fühlte sich unendlich allein.

Da klopfte ihm jemand sanft auf den Rücken. Erschrocken drehte er sich um und blickte in das Gesicht eines freundlich grinsenden Erdmännchens. Das Erdmännchen setzte sich neben den kleinen Bären, legte tröstend den Arm um ihn und fragte, was los sei. Da begann der kleine Bär zu erzählen. Er berichtete von den anderen Bären, wie groß und stark sie waren und wie klein er war. Er erzählte, dass er immerzu übersehen wurde. Er erzählte auch von der Reise, dem

reißenden Fluss und wie allein er nun war. Das Erdmännchen lauschte ganz aufmerksam. Nun ging es dem kleinen Bären schon wieder etwas besser, denn endlich hörte ihm jemand zu, zum allerersten Mal. Als er fertig war, richtete er seinen Blick auf das Erdmännchen. Das hatte sich zwischenzeitlich hingestellt und hüpfte nun ganz freudig von einem Bein auf das andere.

Die gute Laune des Erdmännchens war ansteckend und so stand auch der kleine Bär auf. Dabei merkte er, dass die beiden gleich groß waren. Da wurde es dem kleinen Bären warm ums Herz, denn er

fühlte sich endlich nicht mehr klein. Er fühlte sich sogar richtig groß. Das Erdmännchen nahm seine Tatze und lud ihn ein mitzukommen.

Nach einem kurzen Spaziergang am reißenden Fluss entlang, erreichten die beiden einen Baumstamm, der am Flussufer im Wasser lag. Um den Baumstamm herum war eine Höhle aus Ästen und Blättern gebaut. Davor saßen ein Biber und ein Waschbär. Als die beiden den kleinen Bären und das Erdmännchen kommen sahen, standen sie auf und

winkten aufgeregt. Sofort erkannte der kleine Bär, dass er auch genauso groß war wie der Biber und der Waschbär.

Nachdem das Erdmännchen die anderen freundlich begrüßt hatte, stellte sich der kleine Bär vor und erzählte den beiden von seiner Geschichte. Der Biber und der Waschbär hörten aufmerksam zu und nickten verständnisvoll. Dabei bemerkte der kleine Bär, dass ihn die Geschichte gar nicht mehr traurig stimmte.

In der Höhle am Baumstamm lebten der Biber, der Waschbär und das Erdmännchen gemeinsam. Ihr Zuhause war sehr groß und sehr gemütlich. Zu groß für die drei, und so luden sie den kleinen Bären ein, bei ihnen zu bleiben.

Sie nahmen ihn zu sich auf, einfach so. Das war der Moment, als der kleine Bär spürte, genau richtig zu sein, so wie er war. Von da an machte ihn seine Größe nie wieder traurig und die vier wurden die besten Freunde.

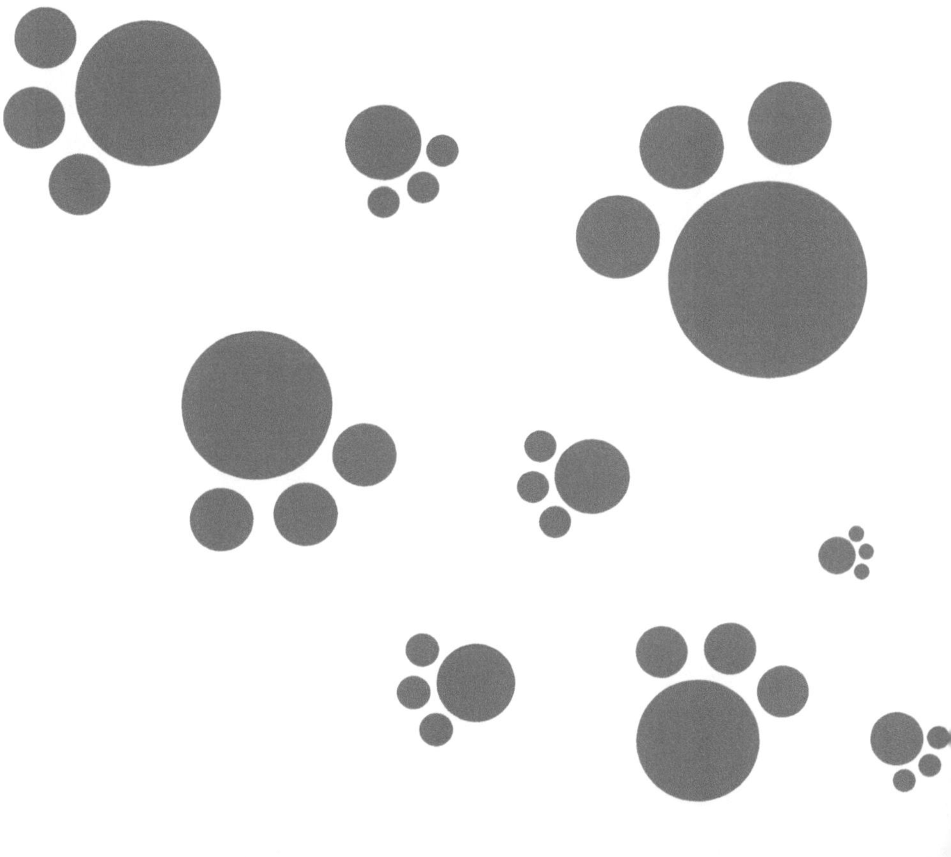

Die wolligweiche Ziege

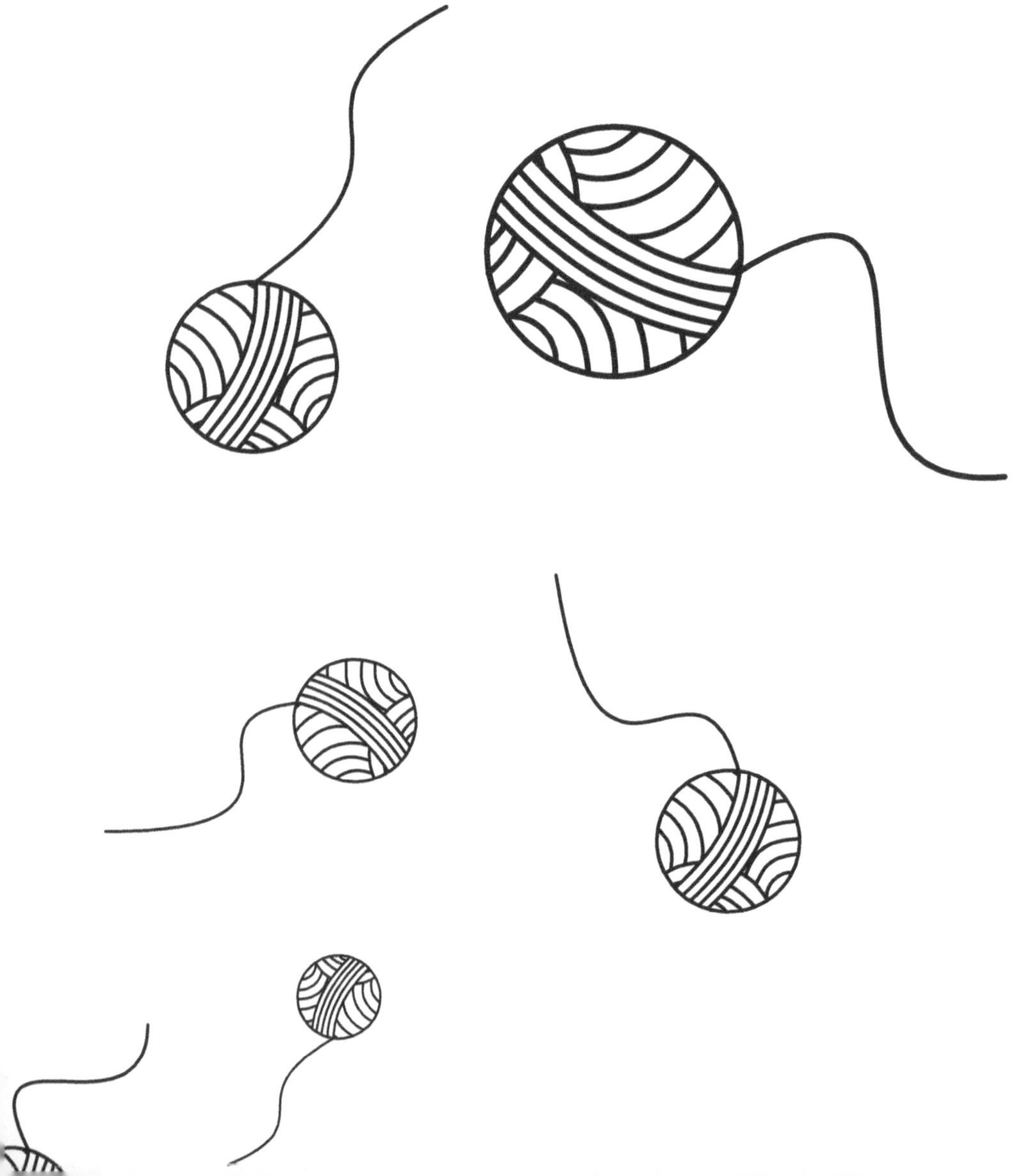

Am Rande eines kleinen Baches, inmitten einer saftig grünen Wiese stand eine Herde Ziegen ganz eng beieinander. Die Ziegen waren aber nicht einfach nur beisammen, vielmehr drängelten sie einander, schoben und zerrten, denn jede von ihnen wollte zu Wolli, die in der Mitte stand. Wolli war nämlich eine ganz besondere Ziege. Ihr Fell war nicht struppig und kurz, wie es bei einer Ziege eben so ist. Das Fell von Wolli war viel weicher und viel länger. Wolli war einfach wolligweich. Alle anderen Ziegen liebten sie für ihr weiches Fell und wollten ihr stets ganz nah sein. Immer stand sie im Mittelpunkt, egal wohin sie ging oder was sie tat.

Irgendwann wurde Wolli das jedoch zu viel. Auch wenn sie natürlich wusste, dass sie mit ihrem wolligweichen Fell etwas ganz Besonderes war und es sie stolz machte, so sehnte sie sich dennoch nach etwas Ruhe. Sie wünschte sich Zeit für sich allein. Wolli fasste daher den Entschluss, loszuziehen und die Herde zu verlassen. Sie beschloss zu reisen und dabei die Ruhe zu genießen.

Nach einiger Zeit so allein wurde Wolli jedoch langweilig. Alleine sein, das kannte sie einfach nicht. Sie überlegte, zu ihrer Herde zurückzukehren, als ihr Blick auf eine Wiese fiel.

Seelenruhig und sichtlich zufrieden

graste auf dieser Wiese eine Herde Schafe. Die Schafe waren genauso wolligweich wie sie selbst. Da kam ihr eine Idee. Wenn sie sich der Schafherde anschließen würde, dann wäre sie nicht mehr allein. Ihr wäre auch nicht mehr langweilig und sie wäre auch nichts Besonderes mehr. Der Gedanke daran gefiel Wolli. So ging sie schnellen Hufes auf die Wiese und gesellte sich zu der Schafherde.

Herzlich wurde sie in die Herde aufgenommen. Es war ein ruhiges Leben bei den Schafen, vielleicht sogar ein bisschen zu ruhig. Jeden Tag machten sie immer das Gleiche und sahen dabei zum Verwechseln ähnlich aus.

Bald erfuhr Wolli, wie sehr sich die anderen Schafe mehr Abwechslung wünschten und wie jedes einzelne von ihnen gern etwas Besonderes wäre. Wolli erinnerte sich daran, wie es für sie gewesen war, etwas Besonderes zu sein. Sie dachte an ihre alte Herde mit den vielen Ziegen zurück. Sie lächelte bei dem Gedanken daran, wie immer alle versucht hatten, ihr ganz nah zu sein. Die Erinnerung gefiel ihr und sie begann, ihre alte Herde zu vermissen. Auch spürte Wolli tief in sich den Wunsch, wieder etwas Besonderes zu sein.

Als sie so in Erinnerungen schwelgte, wurde ihr klar,

was zu tun war. Sie machte sich auf und sammelte Schaf für Schaf ein. Dabei flüsterte sie jedem einzelnen Schaf etwas ins Ohr. Die Schafe freuten sich und nickten zustimmend. Als Wolli schließlich mit jedem Schaf gesprochen hatte, machten sich alle gemeinsam auf den Weg.

Die Gruppe verließ die Wiese und lief den ganzen Weg, den Wolli Tage zuvor gegangen war, nun in die entgegengesetzte Richtung. Einige Zeit später erreichte Wolli schließlich als Erste die saftig grüne Wiese, auf der die Ziegen grasten. Als die Ziegen Wolli erblickten, hoben sie ihre Köpfe und rannten voller Freude auf sie zu. Dabei drängelten, schoben und zerrten sie wieder, denn jede von ihnen wollte Wolli ganz nah sein.

Doch während die Ziegen sich um Wolli

drängelten, tauchte endlich auch die Schafherde am Horizont auf und kam bald näher. Die Ziegen trauten ihren Augen kaum. So viele wolligweiche Schafe gesellten sich zu ihnen. Nun gab es für die Ziegen keinen Grund mehr, sich nur um Wolli zu drängeln. Jede Ziege und jedes Schaf fanden schnell einen neuen Freund und jeder von ihnen war für den jeweils anderen etwas ganz Besonderes. Auch Wolli war wieder besonders und doch war es von diesem Tag an für sie viel ruhiger auf der saftig grünen Wiese.

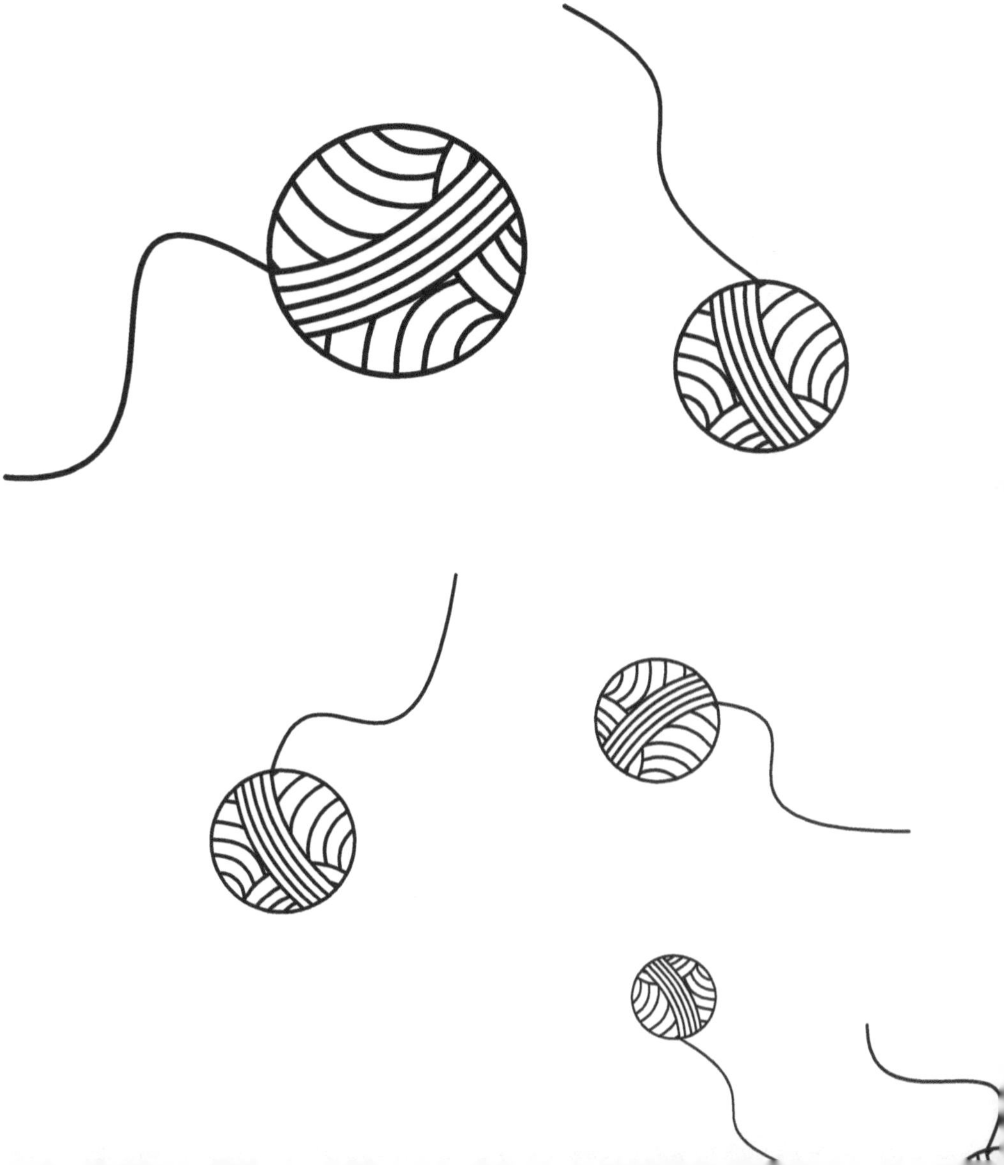

Die einsame Blattlaus

Zufrieden knabberte die kleine Blattlaus Babsi genüsslich an einem saftigen Blatt des üppigen Brombeerstrauches. Während sie aß, blickte sie umher zu den anderen Tieren. Sie entdeckte eine Spinne, die am Stamm des Strauches herumkletterte. Sie erblickte einen Wurm, der in der Erde spielte und einen Floh, der freudig umhersprang. Babsi beobachtete das Treiben und überlegte, wie schön es wohl wäre, nicht mehr allein zu klettern, zu spielen und zu springen. Sie machte stets alles allein. Sie fragte sich, wie es wohl wäre, einen Freund zu haben. Sie beschloss, sich auf den Weg zu machen, um einen Freund zu finden.

Ihr Weg führte sie zu einer Raupe, einer Schnecke und einem Käfer. Alle

drei aßen oder spielten gerade und wirkten mit sich und dem Leben rundum zufrieden. Babsi sprach erst die Raupe an, dann die Schnecke und schließlich den Käfer. Sie fragte jeden der drei, ob sie einen Freund suchten. Doch weder die Raupe, noch die Schnecke suchten einen Freund und auch der Käfer war mit sich allein zufrieden. So kehrte die kleine Blattlaus schließlich allein ohne einen Freund auf ihr Blatt hoch oben im üppigen Brombeerstrauch zurück. Sie setzte sich und dachte an die Raupe, die Schnecke und den Käfer. Wie glücklich alle drei waren, auch ohne einen Freund. Sie fragte sich, ob auch sie ohne einen Freund glücklich sein könnte.

Während die kleine Blattlaus Babsi grübelte, ließ sie ihren Blick wieder schweifen und entdeckte dieses Mal nicht weit entfernt eine andere Blattlaus, die mit gesenktem Kopf auf einem Blatt saß. Babsi überlegte nicht lange, sondern krabbelte sofort los und setzte sich zu der traurigen Blattlaus. Babsi wollte gern wissen, warum sie so traurig war. Da hob die andere Blattlaus ihren Kopf, schaute der kleinen Blattlaus Babsi direkt in die Augen und seufzte schwer. Dann begann sie von ihrer Suche nach einem Freund zu erzählen. Sie berichtete von einer Raupe, bei der sie gewesen war, einer Schnecke und einem Käfer, und dass alle drei keinen Freund suchten und lieber für sich allein blieben.

Da musste Babsi herzlich lachen. Die andere Blattlaus verstand nicht, was daran lustig sein sollte. Ganz im Gegenteil! Sie wendete sich traurig ab. Aber Babsi erzählte sofort, dass ihr nur kurz zuvor das Gleiche passiert war. Ein Lächeln huschte über das Gesicht der anderen Blattlaus und beide mussten von Herzen lachen.

Dies war der Beginn einer wunderbaren Freundschaft. Von diesem Tag an verbrachten die beiden viel Zeit miteinander. Sie spielten, tobten und lachten zusammen.

Die große Freude und der Spaß, den die beiden miteinander hatten, entging den anderen Tieren im Brombeerstrauch natürlich nicht. Die Raupe, die Schnecke und der Käfer sahen, wie glücklich und zufrieden die beiden kleinen Blattläuse zusammen waren. Jeder von ihnen fragte sich, ob es vielleicht doch schön wäre, einen Freund zu haben.

Dieses Mal war es umgekehrt und jeder von den dreien fragte die kleinen Blattläuse, ob sie Freunde sein könnten. Nun war die Antwort eine andere, hatten die beiden kleinen Blattläuse doch zwischenzeitlich erlebt, wie schön Freundschaft ist. So luden sie die Raupe, die Schnecke

und den Käfer sofort ein mitzuspielen, zu toben und zu lachen.
Von da an lebten die fünf Tiere glücklich und zufrieden zusammen und waren die dicksten Freunde, die man im Brombeerstrauch je sah.

Das Eichhörnchen mit Höhenangst

Elegant und sicher sprang Emilia, das rot-braune Eichhörnchen, von einem Zweig zum anderen. Blitzschnell ließ sie Busch für Busch hinter sich. Auch ihre Freunde sprangen gekonnt von Ast zu Ast. Nur sprangen sie nicht unten in den Büschen, sondern weit oben in den Kronen der mächtigen Bäume. Emilia Eichhörnchen aber traute sich nicht hoch hinaus auf die großen Bäume mit den prächtigen Kronen. Sie blieb lieber unten nah am Boden in den Büschen und Sträuchern. Damit war sie zufrieden. Die anderen Eichhörnchen kamen oft zu ihr hinunter, um gemeinsam zu spielen. So jagten sie zusammen von Busch zu Busch oder über die saftigen Wiesen des großen Parks. Und wenn die anderen Eichhörnchen mal wieder hoch oben in den Baumwipfeln fleißig Nüsse knackten, freute sich Emilia über alles Leckere, was von dort zu ihr hinunterfiel. So vergingen die Tage, Wochen und Monate und Emilia war mit sich und der Welt zufrieden.

Eigentlich, denn je größer ihre Freunde wurden, desto weiter konnten sie springen und desto höher konnten sie klettern. Emilia aber nicht. Sie traute sich noch immer nicht, die schwindelerregend hohen Baumkronen zu erklimmen. Also blieb sie unten zurück und schaute ihren Freunden zu. Mit der Zeit kamen Emilias Freunde immer seltener hinunter, um dort mit ihr herumzutollen. Die meiste Zeit verbrachten sie in den luftigen Höhen auf den wackeligen Ästen.

An einem goldenen Herbsttag ergab es sich, dass Emilia zum allerersten Mal einen ganzen Tag allein unten in den Büschen verbrachte. Keiner ihrer Freunde besuchte sie. Würden die anderen Eichhörnchen sie irgendwann vergessen? Das machte Emilia sehr, sehr traurig. Sie verkroch sich in einem der Sträucher und dachte lange nach. Sie fasste den Entschluss, dass sich etwas ändern musste.

Beim Blick hinauf zu den Baumwipfeln zitterte Emilia am ganzen Körper. Allein

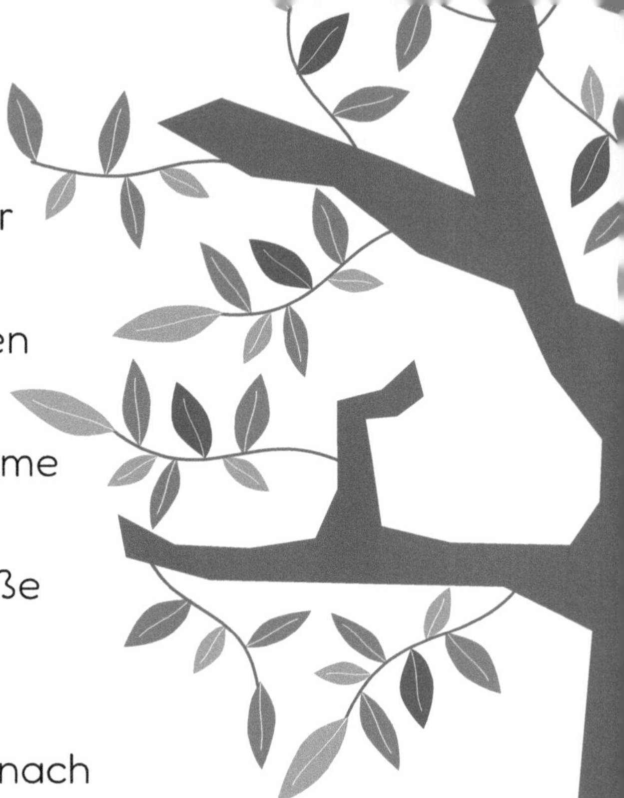

der Gedanke daran, Pfote für Pfote in die unfassbar hohen Kronen der mächtigen Bäume zu klettern, machte ihr große Angst.

Auf der Suche nach Futter landete eine Amsel vor Emilias Strauch im weichen Gras und sah, wie das Eichhörnchen zitternd zu den Baumwipfeln hinaufschaute. Sie fragte, was

mit ihr los sei. Ob es ihr nicht gut ginge? Nach einigem Zögern erzählte Emilia von ihrer Angst auf Bäume zu klettern und dem traurigen Gedanken, nicht mehr mit den anderen Eichhörnchen spielen zu können. Die Amsel hatte großes Mitgefühl mit der verängstigten Emilia und begann, ihr eine Geschichte zu erzählen.

Als kleiner Vogel war sie bei einer Horde Hühner aufgewachsen. Da Hühner nicht fliegen können, hatte ihr auch niemand das Fliegen beigebracht. Deshalb war sie immer davon ausgegangen, nicht fliegen zu können. Als sie jedoch eines Tages einmal allein unterwegs war, stolperte sie und fiel einen steilen Abhang hinunter. Ohne darüber nachzudenken, breitete sie dabei ihre Flügel aus und begann wie von allein zu fliegen. Es war unbeschreiblich schön, als hätte sie nie etwas anderes gemacht. Die Amsel erklärte Emilia, dass sie als Vogel fliegen kann, einfach weil sie ein Vogel ist. Und Emilia als Eichhörnchen kann Bäume hochklettern, einfach weil sie ein Eichhörnchen ist.

Nachdem die Amsel sich verabschiedet hatte, dachte Emilia lange über die Worte der Amsel nach. Vielleicht hatte sie recht. Womöglich hatte sie gar keine Angst vor den hohen Bäumen, sondern nur vor dem Gedanken daran. Womöglich sollte sie es einfach probieren, ohne viel darüber nachzudenken. Emilia stellte sich noch einmal die Amsel vor, wie sie den Abhang hinuntergefallen und einfach geflogen war. Genauso wollte sie es auch machen!

Ohne also weiter darüber nachzudenken, nahm sie Anlauf und kletterte blitzschnell hinauf in die prächtige Krone des höchsten Baumes. Dabei drehte sie sich kein einziges Mal um. Als sie oben angekommen war, klopfte ihr Herz vor Aufregung. Sie blinzelte und blickte vorsichtig hinab zum Boden und dann ringsumher. Der Ausblick war atemberaubend! Emilia staunte. Sie konnte sich gar nicht sattsehen. Da erst merkte sie, dass sie gar keine Angst hatte. Sie schaute sich weiter um und erblickte all ihre Freunde, die sich um sie herum versammelt hatten. Sie jubelten ihr zu und klatschten voller Freude. Von da an war Emilia fast nur noch in den Kronen der höchsten Bäume zu finden.

Die immer niesende Schnecke ... hatschi!

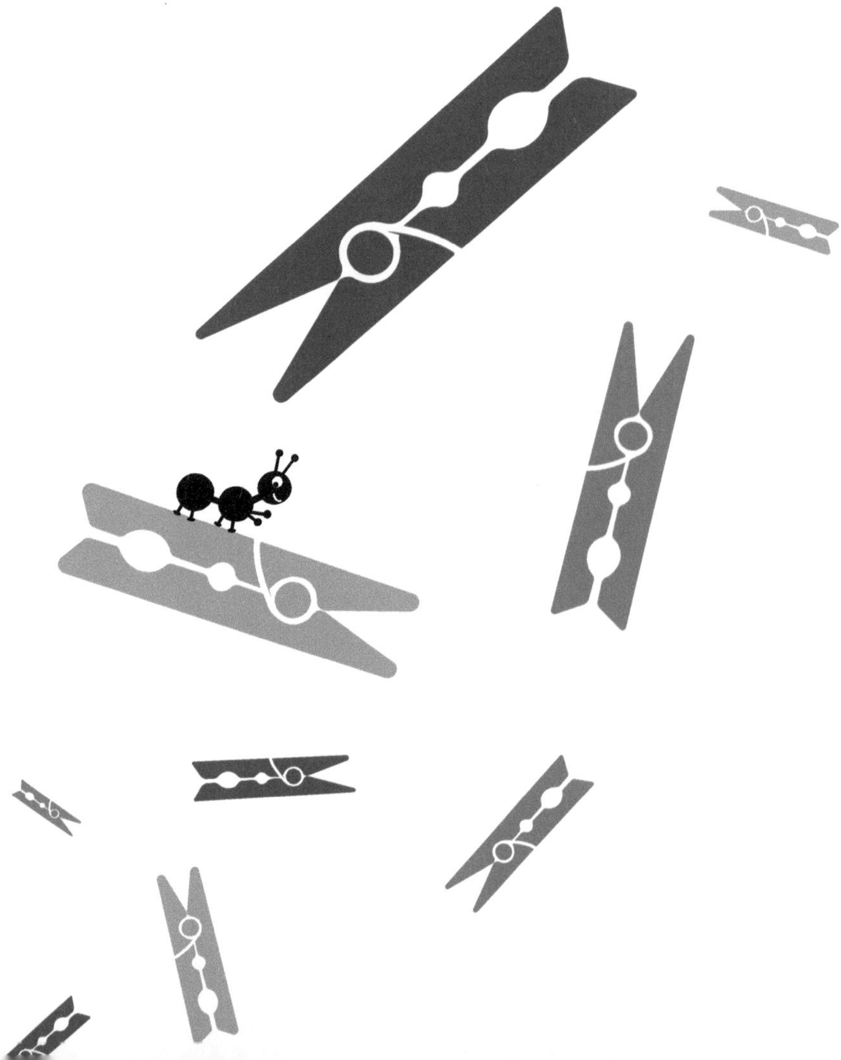

Unten auf dem feuchten Waldboden inmitten des dichten Laubes lebte ein ganzes Volk fröhlicher Schnecken. Jeden Morgen krochen die älteren Schnecken los, sammelten Vorräte und Allerlei, was sie im Dorf zum Leben brauchten. Die kleinen Schnecken verbrachten die Zeit in der Schneckenschule und lernten dort viel über die Welt und das Leben. Ihnen allen ging es gut im dichten Wald.
Nur eine von ihnen, die kleine Schnecke Sonja, war irgendwie traurig, musste sie doch immerzu niesen. Eigentlich wäre dies nicht weiter schlimm gewesen, würde Sonja nicht bei jedem Niesen ein Stück nach hinten rutschen. Langsam, wie Schnecken eben sind, kroch sie gemächlich vorwärts. Doch dann, wenn sie plötzlich nieste,

rutschte sie den halben Weg wieder zurück, den sie zuvor mühsam vorangekrochen war. Manchmal, wenn sie besonders kräftig nieste, rutschte sie so weit zurück, dass sie den ganzen Weg von Neuem kriechen musste. So kam es auch, dass die kleine Schnecke Sonja fast jeden Tag zu spät zur Schule kam, denn der Weg dauerte durch das viele Niesen und Zurückrutschen einfach viel zu lange.

Die anderen kleinen Schnecken lachten oft über sie und das machte Sonja traurig. Sie wünschte sich so sehr, ganz normal zu sein. Ihr war das mit dem Niesen so unangenehm, dass sie sich mehr und mehr zurückzog.

Sie spielte meist allein und überhaupt hätte sie sich am liebsten unter einem großen Blatt verkrochen. Versucht hatte sie es schon einmal. Doch dann musste sie niesen, war zurückgerutscht und unter dem Gelächter der anderen kleinen Schnecken wieder zum Vorschein gekommen.

Eines Tages plante die Schulklasse einen Ausflug zum alten, moosbewachsenen Baumstamm auf der anderen Seite des schmalen Baches, der um das Schneckendorf herumführte. An diesem Ausflug wollte die kleine Schnecke Sonja unbedingt teilnehmen. Beim letzten Klassenausflug hatte sie so oft niesen müssen, dass ihr auf dem halben Weg zum geplanten Ziel die Klasse bereits

wieder entgegenkam. Doch dieses Mal wollte sie unbedingt dabei sein und sie hatte einen Plan! Sonja nahm eine kleine Wäscheklammer und steckte sie sich auf die Nase. Sie hoffte, dadurch nicht mehr so oft niesen zu müssen. Und tatsächlich, es klappte!
Gemeinsam erreichte die Schulklasse die Stelle am Bach, an der eine kleine, schmale Brücke hinüber auf die andere Uferseite führte. Sie war so schmal, dass die Schnecken nur hintereinander darüberkriechen konnten. Die kleine Schnecke Sonja stellte sich ganz hinten an und kroch als Letzte darauf. Als die

Klasse die Brücke fast zur Hälfte überquert hatte, blieben die kleinen Schnecken plötzlich stehen. Vor der ersten Schnecke war ein großes Loch im Boden, über das sie nicht hinüberkam. Umdrehen und wieder zurückkriechen konnten die kleinen Schnecken aber nicht, dafür war die Brücke einfach viel zu schmal. Leider hatten die kleinen Schnecken nie gelernt rückwärts zu kriechen. So steckten sie nun fest.

Da kam der kleinen Schnecke Sonja eine Idee. Sie nahm die Wäscheklammer von ihrer Nase und es

dauerte nicht lange, da musste sie niesen und niesen und niesen. Mit jedem Niesen rutschte sie ein Stück zurück, bis sie wieder den Waldboden erreicht hatte. Die anderen kleinen Schnecken blickten sich hilfesuchend um und sahen Sonja fragend an. Sie rief ihnen zu, Hilfe zu holen. Dann drehte sie sich um, setzte sich die kleine Wäscheklammer wieder auf ihre Nase und kroch, so schnell sie konnte, los.

Im Dorf angekommen wunderten sich die älteren Schnecken über die Wäscheklammer auf Sonjas Nase. Schnell erzählte sie ihnen, was geschehen war. Die Schnecken waren sehr stolz auf Sonja und machten sich sogleich auf den Weg zum nahegelegenen Bach. Nur kurze Zeit später erreichten sie die kleine, schmale Brücke. Die großen Schnecken halfen den kleinen Schnecken nacheinander rückwärts von der schmalen Brücke herunterzukriechen. Als alle kleinen Schnecken wieder in Sicherheit waren, wandten sie sich der kleinen Schnecke Sonja zu. Sie waren ihr sehr dankbar, denn ohne ihr Niesen wären sie nicht gerettet worden. Da wurde ihnen bewusst, dass jeder von ihnen wichtig ist und auf seine Art etwas ganz Besonderes. Von diesem Tag an lachte niemand mehr über die

kleine Schnecke Sonja. Sie selbst wollte sich auch nicht mehr verkriechen und dank ihrer Wäscheklammer kam sie nie wieder irgendwohin zu spät.

Der verirrte Feldhase

Spielend hopste Hans Hase mit einer saftigen Möhre im Mund am großen Maisfeld entlang. Die Sonne strahlte und die Luft fühlte sich warm an. Es war ein herrlicher Tag. Hans war so in sein fröhliches Spiel vertieft, dass er gar nicht bemerkte, wie er immer weiter in das dicht bewachsene Feld hineinsprang. Die Sonnenstrahlen kitzelten sein Näschen und die langen Maispflanzen sein weiches Fell. Doch das störte Hans Hase nicht weiter. Viel zu schön war es, mit der saftigen Möhre spielend den Tag zu genießen.

Als ihm beim Herumtollen die saftige Möhre auf den Boden fiel, schaute er sich um und bemerkte erst in diesem Moment, wie tief er bereits in das Feld hineingehüpft war. Auch die warmen Sonnenstrahlen spürte er nun kaum noch. Die dichten Maispflanzen ließen nur noch wenige hindurch. Der Hase bekam einen Schreck und sprang aufgewühlt los, den Ausgang zu finden. Doch egal, wohin er lief, immer sah alles gleich aus. Überall waren Maispflanzen. Er konnte den Ausgang einfach nicht finden. Schließlich ließ er sich erschöpft und hungrig auf den Boden sinken. Wie sollte er nur jemals wieder aus diesem Dickicht hinausfinden? Zum Glück hatte er noch die saftige Möhre bei sich, um seinen Hunger zu stillen. Das würde für eine Weile reichen. Der Gedanke daran

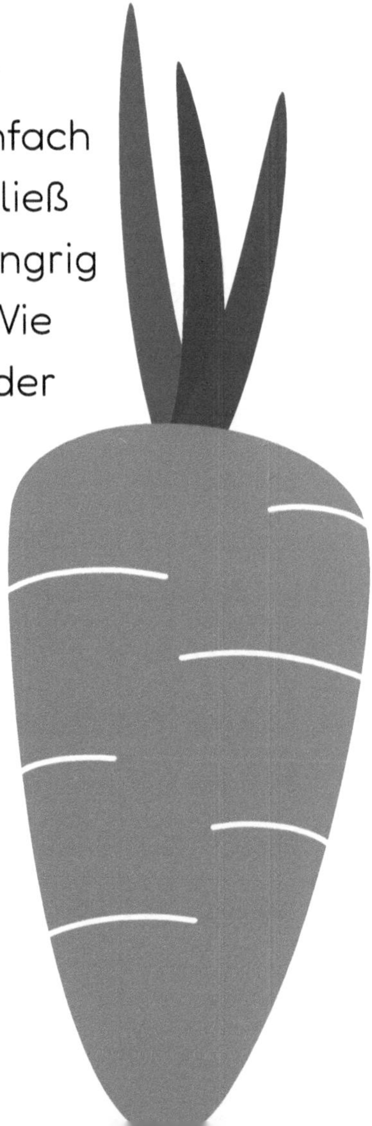

beruhigte Hans für einen Moment. Er nahm sie zwischen seine Pfoten, doch gerade als er abbeißen wollte, hörte er hinter sich eine Stimme. Er erschrak und drehte sich hastig um. Vor ihm stand die kleine Waldmaus Waldemar. Sie war völlig erschöpft und konnte sich vor Hunger kaum noch fortbewegen. Die kleine Waldmaus erklärte, dass sie vor einem wilden Tier geflohen und dabei mitten hinein in das dichte Maisfeld gelaufen war. Sie war noch so aufgeregt, dass sich ihre Worte beim Erzählen überschlugen. Eigentlich kannte sie das Maisfeld gut, spielte sie doch häufig mit ihren Freunden dort Verstecken. Doch die Flucht vor dem wilden Tier war viel zu anstrengend gewesen, so dass Waldemar vor lauter Hunger die Kraft fehlte, den Ausgang zu finden.

Waldemar bat Hans Hase, ihm ein Stückchen von seiner saftigen Möhre abzugeben. Doch Hans zögerte, die Pfote fest auf der Möhre. Auch er hatte Hunger und die saftige Möhre war das einzig Essbare weit und breit. Er dachte nach. Er dachte an Waldemar, der ebenfalls sehr hungrig war. Er überlegte, ihm etwas abzugeben. Nur würde er dann auch satt, fragte er sich. Was wäre, wenn er weiterhin so hungrig bliebe, dann fände er sicher nie wieder hinaus aus dem dichten Feld. Doch helfen, das wollte Hans Hase irgendwie schon und so grübelte er eine ganze lange Weile. Dabei schaute er abwechselnd in die hungrigen Augen der kleinen Waldmaus und auf die saftige Möhre. Sein Blick blieb schließlich bei

Waldemar stehen und seine Zweifel wichen.

Langsam nahm er die saftige Möhre und brach sie in zwei Teile. Eine Hälfte reichte er Waldemar. Die kleine Waldmaus nahm die Möhrenhälfte voller Dankbarkeit an. Beide knabberten gedankenversunken vor sich hin.

Bald ging es ihnen besser. Die Kraft kehrte zurück und schon wenig später flitzte eine zufriedene kleine Waldmaus um Hans Hase herum. Auch der Hase war nun nicht mehr hungrig, obwohl er nur

eine halbe Möhre gegessen hatte.

Dann stupste Waldemar Hans an, denn nun wusste er wieder, wo der Ausgang war. So machten sich die beiden auf den Weg hinaus aus dem Feld. Waldemar lief vorneweg, Hans folgte ihm dicht. Zielstrebig ging es an den langen Halmen der Maispflanzen entlang, mal nach rechts, mal nach links. Das Ziel hatte Waldemar dabei stets vor Augen. Und tatsächlich, nur kurze Zeit später wurde es merklich heller und die Sonnenstrahlen kitzelten wieder Hans Hases Näschen. Sie hatten es geschafft! Nur noch wenige Schritte und die beiden ließen das Maisfeld hinter sich.

Überglücklich streckte Hans seine Pfoten aus und hob Waldemar voller

Dankbarkeit in die Luft. Anschließend hüpften und flitzten sie gemeinsam weiter und drehten sich kein einziges Mal um.

Die riesengroße Giraffe

Mitten in der heißen Savanne Afrikas ragten an einer Stelle dieser kargen Landschaft ein paar grüne Bäume in den Himmel. Genau dort stand eine Herde Giraffen beisammen. Alle knabberten genüsslich an den saftigen Blättern der Bäume. Die Giraffen sahen richtig zufrieden aus, bis auf eine. Gerda Giraffe war gar nicht glücklich. Gerda war eine riesengroße Giraffe, viel größer als alle anderen Giraffen. Sie stand etwas abseits der Herde, denn sie fühlte sich einfach nicht dazugehörig. Gerda fand sich einfach zu groß. Sie war auch sehr groß, größer als die Bäume um sie herum. Um an die leckeren, saftig grünen Blätter der Bäume zu gelangen, musste sie sich weit herunterbücken. Vom Runterbücken tat ihr schon der Hals weh. Also machte sie zwischendurch immer wieder eine Pause, um ihren Hals zu schonen. Dadurch aß sie viel langsamer als die anderen Giraffen, so dass die leckersten Blätter oft schnell verzehrt waren und Gerda kaum etwas davon abbekam. Gerda war traurig, denn das passierte ihr fast immer. Wieso musste sie nur so groß sein, fragte sie sich und wurde dabei noch trauriger. Viel lieber wäre sie eine ganz normale Giraffe, eben nicht so groß.

Nachdem schließlich an den Bäumen nichts Leckeres mehr zu finden war, zog die

Herde weiter. Gerda folgte ihr. Das machten sie immer so. Sie wanderten durch die Savanne, bis sie wieder ein paar Bäume entdeckten. Dort blieben sie und aßen. Doch dieses Mal waren die Bäume viel höher. Sie waren so hoch, dass die Giraffen nur mit Mühe an die untersten Blätter herankamen. Die Schönsten und Leckersten hingen weit oben.

Nach einer Weile waren die unteren Blätter an allen Bäumen verspeist, doch die Giraffen hatten noch Hunger. Sie schauten hilfesuchend hinauf und sahen Gerda dabei zu, wie sie die oberen Blätter genüsslich aß. Die Blicke der anderen Giraffen blieben Gerda natürlich nicht verborgen. Sie hörte auf zu kauen und schaute hinunter in die vielen hungrigen Gesichter. In diesem

Moment wurde ihr wieder ihre Größe bewusst. Doch Gerda wollte nicht anders, nicht besonders sein. Ihr Wunsch war es, zu sein wie die anderen. Als sie darüber nachdachte, wurde sie erneut traurig. Sie schaute zu den leckeren Blättern, dann blickte sie wieder hinunter zu den anderen Giraffen. Eine Zeit lang dachte sie nach, dann wusste sie, was zu tun war. Gerda hob ihren Kopf, zupfte ein großes Bündel Blätter ab und reichte es den anderen Giraffen, die es dankend annahmen. Sie wiederholte dies solange, bis alle satt waren. Die Herde machte sich sodann wieder auf den Weg, eine neue Stelle zu finden und Gerda folgte den Giraffen wie immer mit etwas Abstand.

Die nächsten Bäume waren wieder deutlich kleiner. Die anderen Giraffen knabberten sofort genüsslich an den leckeren Blättern, nur Gerda ging wieder leer aus. Nach einer

Weile bemerkten die anderen Giraffen, dass Gerda etwas abseits stand und traurig war. Da erinnerten sie sich, wie Gerda ihnen zuvor die Blätter gereicht hatte. Genauso machten sie es nun auch. Sie zupften bündelweise Blätter ab und reichten sie Gerda hoch, die sie dankend annahm.

Als Herde stehen alle zusammen und helfen einander, wurde Gerda in diesem Augenblick bewusst. Sie spürte in sich, das warme Gefühl dazuzugehören. Von diesem Tag an war Gerda ein Teil der Herde und stand nie wieder abseits. Sie fühlte sich auch gar nicht mehr so anders. Vielmehr war sie stolz auf ihre Größe, denn zusammen kamen die Giraffen nun an alle Blätter heran und niemand musste mehr hungrig sein.

Die Fledermaus, die sich im Dunklen fürchtet

Langsam ging die Sonne unter. Mit der Dunkelheit kam die Nacht und der Mond legte sein zartes Licht über die Landschaft. Die meisten Tiere hatten sich schon in ihre Behausungen gekuschelt und schliefen bereits tief und fest. Nur im Fledermaushaus kehrte, wie jeden Tag zu dieser Zeit, Leben ein. Nach und nach wachten die Bewohner auf. Am Tag, da schliefen sie. In der Nacht flogen sie umher und genossen das Leben. So auch in dieser Nacht.

Nacheinander verließen alle Fledermäuse ihr Zuhause, um hinauszufliegen in die weite, dunkle Nacht. Nur die kleine Fledermaus Fiona blieb lieber im sicheren Unterschlupf. Sie fürchtete sich im Dunklen. Zum Glück schien der Mond durch einen kleinen Spalt mitten in das Fledermaushaus hinein und erhellte den Raum ein wenig. Dieses zarte Licht war Fiona genug. Sie konnte alles sehen und musste sich nicht mehr fürchten. Doch draußen, vor dem Nest, dort war es für sie viel zu dunkel. Bei dem Gedanken daran hinauszufliegen, wurde ihr ganz unwohl, und so blieb sie lieber allein zurück im sicheren Unterschlupf. Jede Nacht war das so, bis der neue Tag anbrach und die ersten Sonnenstrahlen den Himmel wieder rot färbten. Dann kamen sie alle zurück, Fledermaus um Fledermaus und niemand hatte bemerkt, dass Fiona die

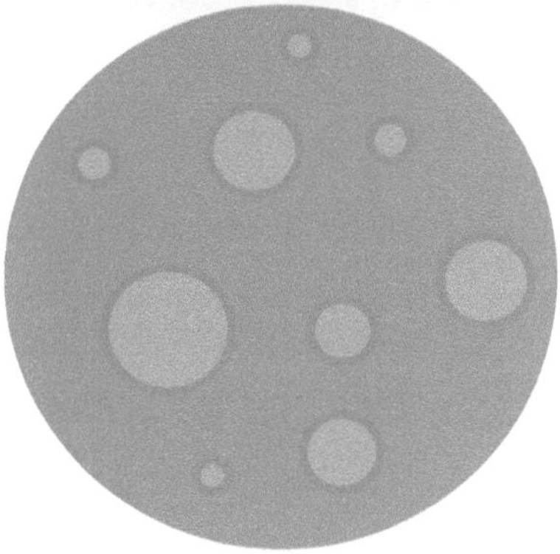

ganze Zeit dortgeblieben war. Nur wunderten sich die anderen Fledermäuse jedes Mal, dass Fiona immer schon da war, wenn sie heimkehrten. Fiona erklärte ihnen dann, sie sei einfach nur schnell, denn es sollte niemand wissen, dass sie sich im Dunklen fürchtete.

In einer Nacht, nachdem die Fledermäuse das Haus verlassen hatten, bemerkte Fiona, dass sie dieses Mal nicht allein war. Die kleine Fledermaus Floh saß in einer Ecke der Höhle. Floh hatte einen Schnupfen und mochte in dieser Nacht nicht fliegen. Aber Floh war neugierig und schaute sich daher im verlassenen Fledermaushaus um. Ihr war langweilig. Auch Fiona schaute umher. Als sich ihre Blicke trafen, erschrak Floh, da sie eigentlich erwartet hatte, allein zu sein. Doch dann gesellte Floh sich zu Fiona und erzählte ihr sogleich von ihrer Schnupfnase und wie sehr sie sich freute, nun doch nicht allein zu sein. Fiona aber war recht still, denn eigentlich wollte sie niemandem den wahren Grund sagen, weshalb sie in der Höhle geblieben war. Doch bei Floh fühlte sie sich wohl und begann zögerlich zu erzählen. Dabei spürte Fiona, wie sehr es sie erleichterte, endlich über ihre Furcht vor der Dunkelheit zu sprechen. Floh war überrascht, aber hörte ihr aufmerksam zu und nahm sie zum Trost in den Arm.

Einige Nächte später war Flohs Schnupfen endlich verschwunden. Dennoch flog sie nicht gleich hinaus in die weite, dunkle Nacht, als diese angebrochen war. Nein, sie wartete, bis alle anderen Fledermäuse ausgeflogen waren. Dann ging sie zu Fiona hinüber und nahm sie an die Pfote. Dabei sprach sie ihr Mut zu und versprach, mit ihr gemeinsam die Furcht vor der Dunkelheit zu besiegen. Fiona zögerte und war sehr zurückhaltend. Doch Flohs Worte gaben ihr Kraft. Pfote an Pfote gingen

die beiden zum Ausgang der Höhle, stellten sich an den Rand und schauten hinaus. Fiona war erstaunt, wie schön das Mondlicht die Landschaft erhellte. Sie stellte zu ihrer Überraschung fest, dass es gar nicht so dunkel war, wie sie immer befürchtet hatte. Sie sah auch, wie viel Freude die anderen Fledermäuse dabei hatten, durch die Luft zu fliegen. In diesem Moment schien Fionas Angst wie weggeblasen. Sie ließ Flohs Pfote los, breitete ihre Flügel aus und flog davon. Es war ein herrliches Gefühl, so leicht und unbeschwert. An die Dunkelheit verschwendete sie keinen Gedanken mehr.

Als die ersten Sonnenstrahlen den Himmel langsam rot färbten, kehrten die Fledermäuse nach und nach in das Fledermaushaus zurück. Doch in dieser

Nacht war Fiona noch nicht da. Dieses Mal kamen sie und Floh als Allerletzte zurück. Doch das bemerkte niemand, denn alle anderen schliefen bereits tief und fest. Seit dieser Nacht fürchtete sich Fiona nie wieder vor der Dunkelheit. Vielmehr freute sie sich jede Nacht von Neuem auf ihren Flug durch die weite, dunkle Nacht.

Das Pony, das wünschte ein Einhorn zu sein

Inmitten einer malerischen Landschaft, zwischen saftigen Weiden und kleinen Bächen, lag ein alter, traumhaft schöner Ponyhof aus roten Backsteinen. Auf diesem Hof waren sie zuhause. Sie, das waren die wundervollsten Ponys weit und breit. Das Fell dieser Ponys glänzte im Sonnenlicht und ihre Mähnen waren weich wie Samt. Für die Schönheit dieser Ponys war der Hof im ganzen Land bekannt. Besucher kamen von nah und fern.

Nur ein Pony war anders. Es hieß Tapsi. Tapsis Fell glänzte nicht, es war einfach nur grau und stumpf. Ihre Mähne war auch nicht weich wie Samt, sie war vielmehr struppig und hart wie Stroh. Auch sonst war Tapsi ganz anders, denn sie war viel kleiner und nicht so elegant wie all die anderen wunderschönen Ponys. Wenn sie sich bewegte, dann stapfte sie eher, als das sie elegant dahinschritt. Tapsi wünschte sich so sehr ein glänzendes Fell und eine weiche Mähne.

Meistens stand Tapsi abseits von den anderen Ponys. Dann stellte sie sich vor, wie es wäre, wie die anderen Ponys zu sein und war glücklich. Dann träumte Tapsi weiter und überlegte, wie es wohl wäre, nicht einfach nur wie die anderen zu sein, sondern wie es wäre, ein ganz

besonderes Pony zu sein.
Dieser Gedanke erfreute Tapsis Herz sehr, ihre Miene hellte sich auf und ein breites Grinsen kam zum Vorschein.

Doch wie sollte sie nur so außergewöhnlich werden? Mit ihrem glanzlosen Fell und der struppigen Mähne würde dies niemals funktionieren. Deshalb beschloss Tapsi, sich auf den Weg zum nahegelegenen Bach zu machen und ein ausgiebiges Bad zu nehmen. Dort angekommen, sprang das Pony ins Wasser und badete so lange, bis die Mähne richtig weich wurde und das Fell strahlte.
Doch das war anscheinend nicht genug, denn die anderen Ponys schenkten ihr noch immer keine Beachtung. Tapsi blieb weiterhin meistens für sich. Das machte sie betrübt.

Da hatte Tapsi plötzlich eine Idee. Was könnte es Außergewöhnlicheres geben als ein Einhorn? So beschloss Tapsi, ein Einhorn zu werden.
Dafür bastelte sie ganz sorgfältig und hingebungsvoll ein wunderschönes Horn und band es sich zwischen die Ohren. Und tatsächlich, von diesem Moment an fühlte sich Tapsi wie ein Einhorn. Sie tanzte ganz elegant und ohne zu stapfen voller Stolz über die saftigen Weiden. Die anderen

Ponys blickten sich zunächst verwundert an, dann begannen sie zu lachen. Da nahm Tapsi das Horn wieder ab, ließ den Kopf hängen und stapfte traurig davon.

Auf dem Weg in ihre Lieblingsecke im Stall kam Tapsi ein kleiner, zufrieden dreinblickender Esel entgegen. Der Esel grüßte freundlich, doch Tapsi nickte nur uninteressiert zurück. Der Esel jedoch blieb stehen und schaute Tapsi verwundert an. Er fragte das Pony, was denn los sei. Da erzählte Tapsi, wie verschieden sie von den anderen Ponys war und wie gern sie zu ihnen gehören wollte. Sie berichtete auch von ihrem kläglichen Versuch, ein Einhorn zu sein und wie die anderen Ponys sie dafür ausgelacht hatten. Der Esel dachte nach und ließ seinen Blick dabei abwechselnd zu Tapsi und den anderen Ponys auf der Weide wandern.

Dann stellte er sich direkt neben Tapsi, stupste sie sanft an und begann zu erklären. Die Ponys auf der Weide hätten zwar glänzendes Fell und eine weiche Mähne, schritten elegant umher und waren bei allen beliebt, doch waren sie alle irgendwie gleich. Tapsi hingegen, so sprach der Esel, war eben nicht wie alle anderen. Tapsi war einzigartig und damit etwas ganz Besonderes. Als Tapsi das hörte, wich ihre Traurigkeit. Zum allerersten Mal spürte Tapsi, dass sie so wie sie war, genau richtig war und das machte sie unendlich glücklich. Gemeinsam mit dem Esel schritt Tapsi anschließend weiter und wollte nie wieder jemand anderes sein.

Das arme Schwein

Auf einem alten Bauernhof, weit außerhalb der Stadt, lebte ein Schwein. Es trug den Namen Siegfried. Doch alle nannten es nur armes Schwein, denn jeden Tag bekam Siegfried einzig die Abfälle und die Reste aus der Küche des Bauern zu fressen. Die anderen Tiere des Hofes hingegen erhielten die leckersten Mahlzeiten, immer frisch und liebevoll zubereitet. Während Siegfried seine Abfälle fraß, schaute er sehnsüchtig zu dem leckeren Mahl der anderen Tiere hinüber. Doch sie waren so genüsslich am Fressen, sie nahmen ihn gar nicht wahr. Noch weniger dachten sie daran, ihre Mahlzeit mit ihm zu teilen. Lieber behielt jeder von ihnen sein Futter, auch wenn es gelegentlich zu viel war, was sie von dem Bauern bekamen. Das arme

Schwein Siegfried aber wurde von den Resten und Abfällen kaum satt, und so wurde es mit der Zeit immer unglücklicher.

Eines Tages zog ein neues Tier auf dem Hof ein. Hannah hieß es und war ein schneeweißer Hase. Sogleich stellten sich ihr alle Tiere vor. Die anderen Tiere erklärten Hannah auch, dass es ihnen hier auf dem Bauernhof sehr gut ging, es warm und trocken war und jeder genug zu fressen bekam. Nur das arme Schwein Siegfried blieb allein zurück in seiner Ecke. Mit ihm wollte eh nie jemand etwas zu tun haben. Warum

sollte es dieses Mal anders sein?

Als der Bauer den Tieren am Abend das Futter brachte, bekam auch Hannah Hase ein üppiges Mahl gereicht. Saftige Möhren und ein großer Salat lagen in ihrem Napf. Gemütlich saßen die Tiere beisammen, fraßen und schmatzten. Hannah Hase ließ derweil den Blick über den Hof schweifen. Dabei entdeckte sie das arme Schwein Siegfried, das allein in einer Ecke saß und traurig an Abfällen nagte. Hannah wunderte sich, weshalb das Schwein allein war und nur die Abfälle bekam. Es war doch schließlich genug für alle da.

Sie stand auf, nahm ihren Napf, ging zu Siegfried hinüber und lud ihn ein, ihr leckeres Mahl mit ihr zu teilen. Das arme Schwein schaute Hannah sichtlich verwundert und ungläubig an. Doch Hannah blieb davon unberührt. Siegfried wusste nicht so recht, was er tun sollte. Meinte sie es wirklich ehrlich und wollte mit ihm teilen? Vorsichtig schaute er auf und blickte dabei in Hannahs Augen. Die wirkten auf ihn warm und freundlich. Zögerlich und zugleich voller Dankbarkeit nahm er ihre Einladung an. So saßen sie nun beisammen und fraßen. Lange hatte Siegfried nicht mehr so etwas Leckeres gegessen. Auch am darauffolgenden Tag teilte Hannah ihr Essen mit Siegfried. Und am Tag darauf und dem Tag darauf.

Die anderen Tiere verstanden nicht, warum Hannah Hase ihr Futter jeden Tag mit dem armen Schwein teilte. Sie hatte dann doch weniger für sich selbst. Doch die anderen Tiere sahen auch, wie glücklich es Hannah machte, ihr Essen zu teilen und wie viel fröhlicher Siegfried mit jedem Tag wurde. Sie dachten darüber nach, wie unglücklich und einsam das arme Schwein wohl immer gewesen war. Schließlich beschlossen sie, ihr Futter ebenfalls zu teilen. Von diesem Tag an war jede Mahlzeit ein fröhliches Beisammensein und alle, wirklich alle Tiere wurden satt - auch Siegfried, den niemand jemals wieder ein armes Schwein nannte.